LE GUIDE DE L'ENSEIGNANT

Des mêmes auteurs

Les contes pédagogiques - Quand le merveilleux devient éducatif
Editions Fabert, série Aides aux apprentissages, 2010.

Collections chez le même éditeur

Chant du regard
Droits de l'enfant
Éducation et Sciences
Janusz Korczak
Je veux mon histoire
L'école autrement
Le Fabert
Les cahiers de l'architecture scolaire
Ma vie en marche
Penser le monde de l'enfant
Profs en liberté
Psychothérapies créatives
Roman
Quand les parents s'en mêlent
Temps d'Arrêt / Lectures

Pour en savoir plus :
www.fabert.com

Éditions Fabert
107, rue de l'Université – 75007 Paris – France
Tél. : 33 (0) 1 47 05 32 68 – Fax : 33 (0) 1 47 05 05 61
E-mail : editions@fabert.com

Yann Couëdel
Jean-Yvon Lafinestre

LE GUIDE DE L'ENSEIGNANT

Gérer sa classe de primaire en douze leçons

Illustré par Cabu

éditions FABERT

DIFFUSION/DISTRIBUTION
Volumen

COMPTOIRS DE VENTE :
Éditions Fabert (ouvert du lundi au samedi de 9 h 30 à 18 h)
107, rue de l'Université, 75007, PARIS. Tél. : 33 (0)1 47 05 32 68 ; Fax : 33 (0)1 47 05 05 61
15, rue des Capucins, 69001, LYON. Tél. : 33 (0)4 37 28 96 17 ; Fax : 33 (0)4 37 28 59 47
47, rue Félibien, 44000, NANTES. Tél. : 33 (0)2 40 48 95 88 ; Fax : 33 (0)2 51 82 05 34

ISBN : 978-2-84922-155-6

Les auteurs remercient Cabu pour sa gentillesse,
sa générosité et son implication.
Ils adressent également leurs remerciements
à Jacek Wozniak pour ses couleurs.

Sommaire

À nos amis,
nos collègues
et nos chers élèves...

AVANT-PROPOS

Vous voulez savoir comment gérer votre classe et comment asseoir votre autorité ? Vous cherchez des conseils pratiques pour préparer une séance ? Vous souhaitez créer une bonne ambiance de travail ou encore gagner le respect de vos élèves ?
Ce guide est fait pour vous. Nous ne prétendons pas répondre à toutes les questions liées à des pratiques pédagogiques. Nous vous proposons plutôt des conduites à tenir et des stratégies à mettre en œuvre en fonction des situations récurrentes qui façonnent le quotidien de la classe. Chacune d'entre elles est présentée sous la forme d'une leçon précise accompagnée d'une anecdote qui relate les maladresses professionnelles de Mademoiselle Lantier et de Monsieur Duplantier*, les deux héros enseignants de cet ouvrage.
La note d'humour apportée par les dessins de notre ami Cabu vous aidera à sourire de notre métier d'enseignant.
Bonne lecture...

* Toute ressemblance avec des personnes existantes ne serait que pure coïncidence.

ASSEOIR SON AUTORITÉ

LEÇON N°1 :
OBTENIR LE SILENCE

Une petite anecdote...

Il est 16h25 et c'est bientôt la fin d'une longue et épuisante journée pour Monsieur Duplantier. Avant de sortir de la classe, le maître dit à ses élèves : « Attention les enfants, je compte de 10 à 0. À 0, je veux vos affaires rangées et le calme dans la classe ! 10, 9, 8... »
Toute la classe s'amuse de cette situation. Des stylos volent, des élèves chahutent et d'autres comptent en chœur avec l'enseignant qui hurle de plus en plus fort :
« 5-4-3-2-1... »
À 0, c'est l'explosion totale ! Monsieur Duplantier est loin d'avoir obtenu le silence désiré et une classe bien rangée...

JE COMPTE JUSQU'À 100
ET À 100, C'EST LE SILENCE...
...99...98...
97...96...

Comment obtenir le silence ?

Il est important de savoir instaurer le silence en classe lorsque, par exemple, vous souhaitez formuler une consigne de travail ou clore un débat. En donnant des repères très simples à vos élèves, vous pourrez aisément obtenir le silence. Nous vous proposons d'adopter la technique du « 1 ». Avec un ton solennel, dites aux élèves, dès les premiers jours de classe :
« Aujourd'hui, pour faire le calme, nous allons faire un jeu. Je ne vais pas compter de 10 à 0, mais jusqu'à 1. Vous entendez ? Jusqu'à 1. »
« Dès que je dirai 1 (claquez des doigts le 1 et représentez-le avec votre pouce), plus personne ne bouge. Vous entendez, plus personne ne bouge. (Insistez sur cette dernière phrase.) C'est compris ? Attention... »
Laissez quelques secondes et dites «1», en appuyant vocalement sur le « 1 ». Immédiatement, une majorité des enfants de la classe va se figer.
Cet instant est primordial, si deux ou trois élèves ne suivent pas la consigne, ne lâchez surtout pas prise et poursuivez pour obtenir le silence de tous.

Intervenez calmement et avec fermeté en vous adressant directement aux élèves dissipés. Vous pouvez poser les questions suivantes :
« N'as-tu pas l'impression que quelque chose ne va pas ? »
« Peux-tu expliquer à tes camarades ce que je vous ai demandé de faire ? »
Après avoir obtenu des réponses, recommencez l'opération avec la classe entière.
Même au deuxième essai, un élève risque encore de se faire remarquer. Ne vous découragez pas et intervenez une nouvelle fois pour faire respecter le silence.
Si un élève ne respecte pas la consigne, suivez les conseils de la leçon n°3 : Les élèves « difficiles ».
En quelques annonces, vous devriez obtenir le silence et le calme nécessaire pour continuer la leçon.
Vous pouvez utiliser la « technique du 1 » pour instaurer le silence avec facilité en toute circonstance et quasiment toute l'année. Les élèves connaissant la consigne la respecteront dès la première annonce. Évidemment, d'autres stratégies existent pour obtenir le calme, à vous d'être inventif !

LEÇON N°2 :
GÉRER UN CONFLIT

Une petite anecdote...

La récréation de 15h00 a sonné. Mademoiselle Lantier en assure la surveillance. Soudain, une violente bagarre explose entre deux garçons et la maîtresse semble hésiter à intervenir.
Elle se dirige vers les élèves qui se battent et qui sont rapidement encerclés par d'autres enfants spectateurs.
Mademoiselle Lantier tente de séparer les deux garçons, s'adresse aux autres élèves et leur demande qui a ouvert les hostilités. Cette intervention déclenche un concert de cris et ne fait qu'envenimer le conflit.
Le directeur usera de son autorité pour sauver la situation...

Comment gérer un conflit entre deux enfants ?

1 Avant d'intervenir, observez et analysez la situation quelques secondes, puis réagissez rapidement.

2 Tenez chaque élève à distance tout en sachant parer les coups !

3 Éloignez les enfants spectateurs avec respect et fermeté. Dites-leur que vous allez régler le problème et dispersez rapidement la foule. Si vous le jugez utile, faites vous aider par les autres enseignants.
Soyez rassurant et convaincant auprès des enfants spectateurs : c'est dans ces moments de violence et de tension que peuvent naître d'autres conflits.

Attention : Les enfants sont habitués à prendre parti pour l'un ou l'autre de leurs camarades. Vous ne devez pas les écouter dans l'immédiat, cela pourrait influencer votre jugement.

4 Vous vous trouvez à présent uniquement avec les deux enfants que vous avez séparés.
Vous allez devoir gérer le conflit en trois temps : le jugement de l'enseignant, la sanction et la réparation.

Le jugement de l'enseignant

Pour commencer cette étape décisive de la gestion du conflit, ne posez jamais en amont les questions :

« Qui a commencé le premier ? »
« Pouvez-vous me donner chacun votre version des faits ? »

La facilité consiste ici à accuser systématiquement l'autre. Au contraire, dites aux élèves ce dont vous avez été témoin avant de les séparer. Rapportez des faits concrets (mémorisation des insultes ou des gestes violents) et ne basez pas votre jugement sur des impressions, qui peuvent être sources d'injustices.
Dites par exemple :

« Vous vous êtes battus. Je vous ai vus. Vous n'avez donc pas respecté une règle simple. Les enfants, a-t-on le droit de se battre dans la cour ? »
Réponse attendue :
« Non. » « Vous avez donc eu tort de vous battre tous les deux. »

La sanction

Ne dites jamais :
« Chacun va me donner sa version des faits. »
À la place, exigez le silence. Accompagnez les enfants dans un endroit où ils seront isolés des autres et où ils n'auront pas la possibilité de s'adresser la parole (au mur, dans deux coins de la cour, en interdisant aux autres élèves de les approcher).
En récréation, vous devez être capable de surveiller le reste de la cour afin d'apaiser les enfants par votre présence. Une fois calmés, demandez aux deux enfants de revenir près du lieu où le conflit a pris place.

La réparation

Chacun des élèves devra présenter des excuses verbales ou écrites. Faites-leur aussi rédiger un texte dans lequel ils devront proposer d'autres solutions que la violence pour régler leur différend.
Il est possible que l'un des élèves vous ait frappé alors que vous tentiez de les séparer. À vous de décider si vous voulez donner suite ou non à cet incident. Si vous estimez que ce geste était involontaire, tempérez votre sanction.
En général, en gardant votre sang-froid et en appliquant ces quelques conseils, vous saurez gérer un conflit entre deux élèves. Le recours à la police ou aux pompiers pour calmer un élève doit rester une exception.

LEÇON N°3 :
LES ÉLÈVES « DIFFICILES »

Une petite anecdote...

Mademoiselle Lantier a beaucoup de mal à gérer un élève qui fait tout pour se faire remarquer.
Il refuse systématiquement de respecter les consignes, se met toujours en rang le dernier et rampe même de temps en temps sous les tables !
L'autorité de l'enseignante est impuissante devant cet élève car la maîtresse veut absolument qu'il fasse exactement comme les autres.
Peine perdue, Mademoiselle Lantier termine ses journées sur les rotules...

MAIS SI, KEVIN, TU VAS RÉUSSIR À PASSER EN 6e...
TOUCHE PAS À MON DOUDOU

Comment gérer les élèves « difficiles » ?

Remarque : nous ne parlerons pas dans cette leçon des élèves ayant des problèmes psychologiques avérés ou de ceux ayant des conduites à risques. Concernant ces enfants, nous vous suggérons de mettre en place un dispositif adapté à leurs besoins, en concertation avec l'équipe pédagogique, les membres du R.A.S.E.D.* de votre école ou d'autres partenaires socio-éducatifs.

Durant votre carrière, vous allez certainement rencontrer le cas d'un élève qui refuse d'apprendre et qui n'accepte aucune remarque (se mettre en rang, s'asseoir convenablement, lever le doigt pour être interrogé...). Ne croyez pas que cet enfant, par ces actes, cherche à vous nuire. Son comportement est souvent le reflet d'un mal-être.

Gérer un élève « difficile », c'est aussi faire preuve d'autorité et de bienveillance, il faut donc agir de manière raisonnée. Nous vous conseillons alors de mesurer vos sanctions et peut-être de les différer. Bien évidemment, il ne s'agit pas d'être laxiste. Si vos interventions n'ont pas d'impact réel sur cet élève « frondeur », ne perdez pas votre autorité face à toute la classe en tentant de vous imposer à lui.

1 Dans certaines circonstances, nous vous conseillons de moduler vos exigences et de différer vos attentes auprès de cet élève. Expliquez devant la classe, avec calme et fermeté, que c'est vous et vous seul qui lui accordez cette différence.

Pour cela nous vous proposons un exemple de commentaire à l'attention de la classe :
« Bien, je vous demande d'accepter et de comprendre que «X» ne fasse pas son travail en même temps que vous. Je lui accorde cette possibilité. Ce n'est pas grave, mais que personne n'en profite. »

N'imaginez pas que ce type d'intervention va compromettre votre autorité d'enseignant. Au contraire, les autres élèves comprendront et accepteront la situation si elle est clairement expliquée.

* Voir *Lexique et conseils*, page 86.

2 Aménagez un espace dans votre classe pour cet élève. Bien souvent, un enfant sous tension aura besoin de s'isoler dans un endroit calme à l'écart des autres.

3 Si vous le jugez utile, vous pouvez passer un contrat avec cet élève. Vous profiterez de cette étape pour lui expliquer les contraintes qu'il doit respecter. Pour cela, référez-vous au règlement de la classe, puis demandez-lui de choisir parmi les règles qui la régissent, celles qu'il pense pouvoir respecter. Si l'élève n'y parvient pas, aidez-le à cibler deux ou trois règles essentielles. Réévaluez le contrat régulièrement en y intégrant de nouvelles règles à respecter.

En règle générale, la situation s'améliore en cours d'année. L'élève souhaitera peu à peu retrouver une certaine « normalité » au sein de la classe et vous porterez sur lui un regard différent.
Nous vous encourageons également à prendre contact avec les parents pour les impliquer dans le processus que vous avez instauré.

Vous pouvez également aborder cette situation avec l'équipe pédagogique. De plus, vous pouvez demander à votre directeur d'organiser une équipe éducative. Si tout (et absolument tout) a été tenté sans résultats significatifs, vous pouvez demander un changement provisoire de classe ou d'école.

LEÇON N°4 :
ORGANISER UNE SORTIE

Une petite anecdote...

C'est le jour J. Aujourd'hui les élèves de Mademoiselle Lantier vont visiter le musée du Louvre et cette journée devrait être inoubliable pour la classe.
Malheureusement, dès l'instant où la maîtresse dit aux élèves de se ranger, c'est le désordre. Les enfants courent dans tous les sens, oublient leurs sacs à dos en classe, n'écoutent pas les consignes données par l'enseignante. Et ce n'est que le début !
La journée va être longue et épuisante pour la maîtresse, le conducteur du bus et les guides du musée.
Un résumé de la journée :

- le voyage en bus... une expédition qui tourne mal;
- la visite du musée... les enfants se font remarquer et n'ont rien retenu;
- le pique-nique... un parterre de détritus !
  Bref, un véritable désastre ! C'est bien la dernière fois qu'elle organisera une telle sortie, se dit Mademoiselle Lantier.

STAGE
D'EXPRESSION
CORPORELLE

Comment organiser une sortie avec ses élèves ?

1 La préparation

Une sortie scolaire ne s'improvise pas. Si vous souhaitez qu'elle se déroule dans les meilleures conditions, déterminez vos objectifs pédagogiques. Dans le cadre d'une sortie au musée, pensez à canaliser l'attention des élèves en leur faisant par exemple dessiner certains tableaux (au cycle 2) ou en organisant un parcours d'énigmes à résoudre (au cycle 3). Préparez à l'avance le matériel dont vous aurez besoin (voir leçon n°6, Le matériel) et faites si possible un repérage des lieux. À la veille d'une sortie qui nécessite des moyens de locomotion tels qu'un car, assurez-vous bien de la ponctualité du chauffeur, indiquez-lui l'adresse exacte de l'école, vérifiez le temps de parcours maximum.

2 L'explication de la sortie aux élèves

Placez votre sortie dans un contexte bien déterminé : un projet, une rencontre sportive, une visite culturelle... Familiarisez vos élèves avec

l'objet de la sortie.
Petite confidence : lors d'une représentation à l'opéra lyrique, par manque d'explications, nous avons vu des élèves se tordre de rire devant une cantatrice de renommée internationale ! Imaginez l'embarras...

3 Le jour J

Séquencez votre sortie en plusieurs étapes. Expliquez en classe ce que les élèves devront faire et ce qu'ils verront durant la journée. De plus, faites leur remémorer les meilleures façons de se comporter (dans le car, au musée, durant le pique-nique) en donnant quelques exemples concrets.
Insistez sur les règles de sécurité (mettre sa ceinture dans le bus par exemple), de comportement (se déplacer en silence dans le musée) et de politesse (dire bonjour, remercier...). Rappelez ces règles à chaque étape clé de la sortie. Les partenaires de cette sortie apprécieront ces petites attentions et accepteront volontiers de retravailler avec vous. Dites à vos élèves que vous comptez sur eux pour donner une bonne image d'eux-mêmes et de l'école en sortie. Les enfants aiment

normalement faire bonne impression en dehors de l'école.
Quelques conseils sur les rangs.
Décrivez aux enfants l'endroit où vous allez vous rendre avec eux. Rappelez ou faites rappeler par un élève les règles de déplacement.
Nous vous proposons les consignes suivantes :

« On va faire un rang en se tenant deux par deux (on se donne la main au cycle 2). On ne crie pas, on ne se bouscule pas et il est interdit de se dépasser. On fait attention à ne pas laisser “un trou” dans le rang... »
« Tout le monde a bien compris ? On se range comme on a dit face à moi, deux par deux. »

Ne faites pas avancer les élèves tant que le rang n'est pas formé. Nous vous conseillons de responsabiliser les élèves en tête pour s'arrêter à des repères précis et fréquents (arbres, passages piétons, panneaux...). La présence d'un adulte à l'avant et à l'arrière du rang est indispensable.
Si certains élèves chahutent et sortent du rang, arrêtez immédiatement la marche et fixez de nouveau les règles en vous adressant aux élèves concernés. Ne faites pas marcher les élèves de

tête trop vite car un rang se disloque volontiers par l'arrière.
Votre sortie se déroulera dans de meilleures conditions en présence de plusieurs accompagnateurs (parents, animateurs...). Grâce à eux, vous pourrez organiser des déplacements par petits groupes dans un musée, avec l'avantage pour les élèves de pouvoir regarder les œuvres sans se bousculer et d'être plus attentifs aux commentaires du guide.
Le trajet du retour devra se dérouler dans les mêmes conditions qu'à l'aller (règles de sécurité, de comportement et de politesse).

4 Bilan de la sortie

De retour en classe, faites un bilan de la sortie avec vos élèves. Valorisez tous les points sur lesquels vous êtes satisfait (comportement, remarques pertinentes...). Sur un plan pédagogique, demandez-leur d'écrire ou de dessiner tout ce qu'ils ont appris et aimé faire afin de mémoriser cette expérience.

ENSEIGNER

LEÇON N°5 :
LA SÉANCE PÉDAGOGIQUE

Une petite anecdote…

Mademoiselle Lantier a décidé de faire travailler ses élèves sur différents supports de lecture et, satisfaite de son initiative, elle ne prépare pas sa séance. Elle a bien quelques repères pédagogiques en tête, mais le déroulement des activités est assez flou. C'est bien là le problème !
Malgré la bonne volonté de la classe, ce qui devait être une « bonne séance », c'est-à-dire structurée et instructive, se transforme en corvée pour les élèves et pour Mademoiselle Lantier…

LE GUIDE
DE
L'IMPRO
VISATION

Comment mener une bonne séance pédagogique ?

Voici en quelques points le déroulement d'une séance pédagogique que vous pouvez adapter à tous les domaines d'enseignements (mathématiques, français, sciences...). Volontairement, cette leçon ne présente pas de détails techniques (travail de groupe, enseignement individualisé, cours magistral...), mais propose une vue d'ensemble du dispositif.

1 Après avoir obtenu le silence (voir leçon n°1, Obtenir le silence), posez la question suivante à la classe en exigeant que les élèves lèvent le doigt pour être interrogés (voir leçon n°8, La « prise de parole »).
« Qui peut me résumer ce qu'il a appris durant la dernière séance de... ? »

2 Après avoir interrogé quelques élèves pour compléter la réponse, posez la question suivante :
« D'après vous, quelle va être la suite de cette leçon aujourd'hui ? »

Attention, cette étape doit être très rapide pour ne pas être débordé par une multitude de réponses.

3 Après avoir obtenu des réponses en y apportant aussi la vôtre, donnez votre consigne pour cette nouvelle séance. Celle-ci doit être claire et très simple à comprendre.

4 Demandez à un élève de la reformuler. Veillez à ce que tous les élèves l'aient comprise en demandant :
« Qui n'a pas compris ? Qui souhaite que je lui réexplique ? »

5 Écrivez l'objectif de la séance au tableau.

6 Indiquez ensuite la/les modalité(s) de travail (travail en groupe, en binôme ou individuellement) et précisez le matériel avec lequel les élèves vont travailler (voir leçon 6, Le matériel).

7 Imposez vos exigences en insistant sur certaines que vous écrirez au tableau. Puis, indiquez le temps imparti :

« Il est 9h30, à 10h05, tout est terminé. »
Si ce sont des élèves de cycle 2, vous pouvez matérialiser l'horaire par les aiguilles de l'horloge.

8 Lancez votre séance. Celle-ci doit être rythmée selon vos consignes et en fonction de vos objectifs pédagogiques.
Prêtez une attention particulière aux élèves qui auront terminé leur travail plus vite que les autres, dites par exemple :
« Levez le doigt les élèves qui ont terminé. »

Pensez à leur donner un travail complémentaire (travailler en autonomie, aider d'autres élèves, animer un groupe, aider à corriger...) dans le temps restant.
Portez la même attention aux élèves qui n'auront pas atteint les objectifs que vous aviez fixés.

9 Sachez respecter le temps imparti à cette séance et rappelez si nécessaire à vos élèves :
« Il est... vous avez encore dix minutes. »

10 En fin de séance, gardez 5 à 8 minutes pour poser dans le calme les questions suivantes :
« Comment avez-vous fait ? »

« Qu'avez-vous appris aujourd'hui ? »
« À votre avis, qu'allez vous faire à la prochaine séance ? »

Rappel : votre cahier-journal vous permettra d'organiser votre journée et de visualiser la cohérence de vos séances pédagogiques.

LEÇON N°6 :
LE MATÉRIEL

Une petite anecdote...

Monsieur Duplantier a décidé de varier d'outil pédagogique pour sa séance de géographie. Ses élèves sont enthousiastes, car aujourd'hui ils vont laisser leur manuel dans leur casier. Afin d'impressionner ses élèves, il décide d'utiliser un rétroprojecteur pour visualiser en très grand une carte de l'Europe.
Malheureusement, quand il branche l'appareil, il s'aperçoit que l'ampoule a grillé. Monsieur Duplantier ne se décourage pas pour autant ! En effet, il sait qu'il y a des cartes au fond de son armoire. Mais à sa grande stupéfaction, il remarque que sa carte de l'Europe est celle des conquêtes napoléoniennes.
Alors, dans un geste désespéré, il décide de dessiner à main levée les frontières européennes ! Mais trop tard, c'est déjà la récré...

Comment choisir, préparer et utiliser le matériel de votre classe ?

Chaque année est l'occasion de compléter votre matériel pédagogique. Pour vous aider à faire les bons choix, nous vous invitons à vous poser les questions suivantes :

1. Comment vais-je aborder l'apprentissage de la lecture, des mathématiques, etc. avec mes élèves ?

2. Vais-je avoir recours à des manuels et à la création d'outils ?
Il s'agit ici de déterminer vos choix pédagogiques. Vous allez certainement avoir recours à l'utilisation de manuels pour certaines disciplines (français, maths, géographie, sciences...). Les auteurs de ces manuels établissent généralement une progression sur l'année (deux périodes par trimestre) des compétences à atteindre. Par exemple, en mathématiques, les apprentissages s'organisent à travers des situations de découverte de notions, des exercices d'entraînement et des textes de synthèse.

Le livre du maître qui accompagne cette méthode pédagogique garantit la cohérence entre la démarche, les activités et les contenus. Il est important de s'y référer.
Rappel : dans une classe, les élèves n'apprennent pas tous au même rythme. À vous de différencier les outils et d'adapter vos pratiques pédagogiques aux besoins des élèves.
De plus, ne négligez pas l'acquisition des supports importants et complémentaires aux manuels (cartes, globes terrestres, instruments de géométrie, documents pédagogiques sur Internet).
La photocopie de manuels est interdite en raison des droits d'auteur. Face à des contraintes budgétaires, un grand nombre d'enseignants fabrique et échange leurs propres outils pédagogiques (fichiers, jeux pour apprendre...).

3 Mes élèves ont-ils tout le matériel à disposition pour travailler efficacement ?
En début d'année, organisez une leçon « trousse » durant laquelle vous allez déterminer l'utilité du matériel quotidien. Faites-leur prendre conscience de la valeur des objets et du soin qu'ils doivent y apporter.

Dites par exemple :
« Cette règle a coûté environ... euros, il faut que tu en prennes soin. »

Une autre astuce, pensez à responsabiliser un ou deux élèves chaque mois dans la gestion du matériel de classe (par exemple : faire l'inventaire des stocks, distribuer les instruments...).

4 Ai-je bien pensé au matériel dont je vais avoir besoin pour ma séance de... ?
Ne négligez pas la préparation du matériel à chacune de vos séances. Si vous ne souhaitez pas finir une séance de géographie comme Monsieur Duplantier, vérifiez votre matériel avant son utilisation. Cela vous évitera de perdre un temps précieux.

Quelques exemples de matériel à vérifier :

- les piles ou les batteries de l'appareil que vous voulez utiliser;
- la qualité et le contenu des cartes en géographie;
- les pinceaux, la peinture et autres outils de création artistiques;

- le matériel commun de l'école (rétroprojecteur, lecteur de dvd, télévision) doit être en état de fonctionnement (vérifiez aussi sa disponibilité).

Enfin, informez-vous sur le planning des salles (bibliothèque, gymnase, salle informatique).

LEÇON N°7 :
L'AMBIANCE DE TRAVAIL

Une petite anecdote...

Monsieur Duplantier n'est pas expressif. Son visage comme ses attitudes sont souvent tristes et figés. Sa passivité et sa morosité jouent sur le moral des élèves. Sa classe est sans vie.
Cependant, un jour, durant la lecture d'un conte, Monsieur Duplantier mime un personnage. Voyant l'effet produit sur ses élèves, il accentue le trait. La classe parle encore de cet instant magique.

SHA
KES
PEARE

Comment instaurer une bonne ambiance de travail ?

Une bonne ambiance de travail pourrait se définir par le savant dosage d'un respect mutuel enseignant-élèves, d'une écoute attentive, d'une participation mesurée des élèves et de leur plaisir à travailler.
Jouer la comédie y participe !
Bien sûr, ne vous prenez pas pour l'acteur d'un film ni même pour le comédien d'une pièce de théâtre ! Jouer la comédie, c'est l'idée de théâtraliser par le biais de certains gestes vos intentions et vos paroles.

Il ne s'agit pas de faire le pitre à chaque instant mais bien d'utiliser les ficelles de la comédie à des fins pédagogiques et relationnelles.
La classe vous le rendra.
Il est possible de mettre en scène vos émotions (joie, colère, étonnement, refus...) pour capter l'attention de vos élèves. Ces derniers apprécieront aussi d'être eux-mêmes mis en scène (jeux de mimes...).

Même dans des instants difficiles, n'hésitez pas de temps en temps à « sur-jouer », vous ne serez jamais ridicule si vous le faites de façon convaincante (lire un conte de façon expressive et vivante...).
Sachez moduler votre voix, user de votre gestuelle et jouer de votre regard. Marquez des ruptures (cadences, silences...) pour donner du rythme lors de vos séances.
Enfin, pourquoi ne pas plaisanter avec vos élèves ? Cela vous permettra aussi d'instaurer une bonne ambiance dans votre classe. Certains élèves pourraient profiter de ces moments pour se faire remarquer. Soyez donc plus ferme avec eux pour un retour au calme.

Ces conseils ne sont pas difficiles à mettre en œuvre. Essayez et renouvelez l'expérience. Vous l'aurez compris, il faut surprendre vos élèves.

LEÇON N°8 :
LA « PRISE DE PAROLE »

Une petite anecdote…

Aujourd'hui, Mademoiselle Lantier décide d'organiser un débat avec sa classe sur le thème : « la pollution ».
Et c'est parti ! Les élèves échangent leurs idées d'abord timidement puis de plus en plus fort. Rapidement, les discours deviennent inaudibles et plus personne ne s'écoute. La classe en a même oublié le sujet du jour et certains enfants vont jusqu'à parler du dernier match de foot vu à la télévision ! Les élèves sont si bruyants que l'enseignant de la classe mitoyenne se déplace même pour réclamer le calme !
C'est avec beaucoup de difficultés que Mademoiselle Lantier parvient à rétablir le silence. Une chose est certaine, la maîtresse n'est pas prête à renouveler l'expérience…

Moi
Moi !
Moi !
Moi !

Comment gérer la « prise de parole » de vos élèves ?

En classe, vos élèves sont amenés à prendre la parole pour poser des questions et argumenter leurs propos. Afin que les échanges se déroulent dans les meilleures conditions, veillez à respecter les conseils suivants :

1. Dans une classe, il y a toujours un ou deux élèves qui parlent trop fort en toute circonstance, alors que d'autres, plus timides, ne participent pas. Dans un premier temps, apprenez à vos élèves à moduler leur voix selon les situations de classe, comme répondre à une question, lire en classe, intervenir dans un débat ou encore travailler en groupe... Cette étape vous fera gagner un temps précieux.

2. Fixez un cadre pour chaque prise de parole et maintenez-le ! Dès les premiers jours de classe, voire les premières heures, intervenez auprès des élèves qui ne respectent pas les règles que vous aurez instituées ensemble (par exemple : lever le

doigt et attendre d'être interrogé pour parler, ne pas couper la parole aux autres...).

3 Lors d'un débat ou d'un travail de groupe, veillez toujours à ce que les élèves s'écoutent, respectent les idées de chacun et argumentent leurs propos. N'hésitez donc pas à interrompre un élève qui n'a pas été invité à prendre la parole, qui veut se faire remarquer ou qui se moque de ses camarades.
Ne vous faites pas dépasser par un certain bruit de fond et intervenez rapidement pour rétablir le silence.
Si de bonnes idées ont alimenté les échanges, n'hésitez pas à le dire à vos élèves. Vous pouvez renouveler l'expérience et les rendre plus autonomes pour gérer un débat.

4 Lors d'un travail silencieux, il est possible qu'un élève vous interpelle souvent et bruyamment alors que vous avez exigé le silence. S'il vous semble que son comportement vise surtout à se faire remarquer plutôt qu'à solliciter votre aide, reprenez-le immédiatement.
Voici deux exemples de remarques que vous pouvez lui faire :

« Bien, je te réponds pour la dernière fois. Tu entends, pour la dernière fois... »
« Es-tu seul dans la classe ? Cela fait 10 fois en 5 minutes que tu m'appelles. Tu entends ? 10 fois. Tu imagines si tout le monde faisait comme toi ? À partir de maintenant, je ne veux plus t'entendre. Tu as compris ? Merci. »

5 Lorsque le moment vous semble opportun (à la fin d'une activité, lors d'un temps d'accueil en classe...) laissez vos élèves s'exprimer vivement même si les échanges ne vous semblent pas productifs. Toute parole est un acte de vie, à vous de juger entre qualité des discussions et débordement. Pour un retour au calme, ne laissez pas un élève intervenir à votre place.
Gérer la « prise de parole » de vos élèves sera d'autant plus facile s'ils ont compris et intégré les règles du cadre de travail que vous avez instauré avec eux. Ainsi leurs échanges n'en seront que plus riches.
À vous de lancer les débats avec vos élèves...

TRAVAILLER AVEC D'AUTRES PARTENAIRES

LEÇON N°9 :
L'ENTRETIEN AVEC UN PARENT

Une petite anecdote...

Il est 10h. Monsieur Duplantier boit son café, tout en attendant une mère d'élève qui a pris rendez-vous avec lui. Elle veut connaître les raisons pour lesquelles son fils a été puni. L'enseignant craint cette rencontre.
La mère arrive furieuse et entame la discussion. Monsieur Duplantier est soudainement noyé par le flot de reproches qu'elle lui adresse !
Il ne contrôle plus la situation. Seule l'intervention d'une tierce personne réussit à résoudre temporairement le conflit. Mécontente, la mère repart en jurant qu'elle donnera suite à l'affaire...

Quelques années plus tard, au collège...

Comment s'entretenir avec un parent d'élève ?

Les parents sont des partenaires avec lesquels vous allez travailler. Il est important de les impliquer dans le suivi de la scolarité de leurs enfants : résultats et orientations scolaires, comportement... Vous pouvez aussi les tenir informés de vos projets de classe.
Les conseils qui vont suivre s'appliquent dans un très grand nombre de situations. Nous avons cependant choisi de les illustrer dans un contexte particulier : un élève a manqué de respect envers l'un de ses camarades. Alors que vous tentiez de régler le conflit, cet élève vous a répondu avec insolence. Depuis cet incident, son attitude perturbe le cadre de travail que vous avez institué. Vous prenez donc la décision de rencontrer ses parents.
Afin que cet entretien se déroule dans les meilleures conditions, pensez à respecter les étapes suivantes :

1 Prenez du recul, dédramatisez et ne vous angoissez pas. Très souvent, les situations évoluent d'elles-mêmes dans le bon sens. Si vous redoutez cet entretien, demandez au directeur d'y assister après lui avoir expliqué clairement la situation.

2 Soyez accommodant sur l'horaire du rendez-vous.

3 Remerciez les parents d'être venus. Vous pouvez les recevoir seuls dans un premier temps puis en présence de l'enfant.

4 Expliquez clairement et objectivement les raisons qui vous ont amené à les rencontrer. Rappelez-leur votre mission d'enseignant. Vous pouvez également leur dire :

« Si j'ai fait appel à vous, c'est avant tout dans l'intérêt de votre enfant, pour qu'il puisse apprendre, progresser et s'épanouir à l'école... »

5 Si vous pensez que l'élève a volontairement déformé la vérité d'un événement, n'hésitez pas à le reprendre devant ses parents. Ne portez aucun jugement de valeur sur leur enfant et tenez-vous en aux faits.

6 Décrivez aux parents les actes et attitudes que vous reprochez à leur enfant et dont vous avez été témoin. Expliquez-leur que vous ne pouvez accepter de telles façons d'agir et de se comporter.

7 Observez la réaction des parents envers leur enfant. En principe, ils feront preuve d'autorité. Un message fort doit être envoyé à l'élève : ici, celui de respecter ses camarades et l'adulte.

8 Durant l'entretien, nous vous conseillons aussi de valoriser certains résultats scolaires de cet élève pour nuancer l'impression générale de cet entretien.

9 Vous pouvez proposer aux parents un autre rendez-vous à moyenne échéance afin de suivre les progrès de leur enfant dans leur ensemble (apprentissage, comportement, relations avec les autres...) et sans lien avec l'événement ayant amené cet entretien.

Bonnes rencontres avec les parents...

LEÇON N°10 :
TRAVAILLER EN ÉQUIPE

Une petite anecdote...

C'est le fameux jour de la pré-rentrée.
Les nouveaux collègues sont un peu anxieux de rencontrer l'équipe pédagogique de l'école « Joli mot ».
Le directeur organise une réunion où des décisions importantes pour l'année devront être prises. Mais Monsieur Duplantier en profite pour faire des photocopies pendant que Mademoiselle Lantier, installée devant l'ordinateur, regarde ses photos de vacances. Deux autres collègues se disputent l'unique taille-crayon reçu dans les commandes et une enseignante, déjà fatiguée, cherche désespérément une cafetière.
Bref, chacun vaque à ses occupations et à 16h30 le directeur se retrouve seul dans la salle des maîtres devant une feuille blanche...

Thème du jour
Le travail en équipe
MÉTÉO DU JOUR

Comment travailler en équipe ?

1 En début d'année

Les enseignants se retrouvent pour organiser la « **pré-rentrée** ». Cette réunion est l'occasion de définir le rôle de chacun au sein de l'équipe éducative : le directeur (ou la directrice), les enseignants de chaque cycle, l'équipe du R.A.S.E.D* (le poste E, le poste G, le psychologue scolaire).

Accordez-vous un temps d'échange autour de ces questions :
- Cette année, comment allez-vous travailler ?
- Quels sont vos projets ?
- Qu'aimeriez-vous apporter à vos élèves en particulier ?
- Au-delà des résultats scolaires, quels sont les objectifs que vous allez cibler pour les élèves et pour l'équipe pédagogique. Chacun mettra en avant ses priorités : certains parleront de projets qu'ils aimeraient réaliser, d'autres préfèreront faire travailler leurs élèves sur des compétences plus spécifiques.

Enfin, des collègues insisteront sur certaines valeurs éducatives...

Les intérêts seront très divers. Ce moment d'écoute et d'échange est primordial. Il faut prendre note de toutes ces remarques car elles pourront faire l'objet de thèmes à traiter en équipe ultérieurement. Prévoyez donc une deuxième réunion pour vous recentrer sur le projet d'école.

Durant cette seconde réunion, redéfinissez bien le **projet d'école**. Celui-ci doit s'articuler autour d'**objectifs clairs et précis**. L'analyse des évaluations nationales de fin de cycle et les priorités définies par votre équipe de circonscription vous aideront à cerner ces objectifs. Sachez que les conseillers pédagogiques répondront à vos questions. Après avoir identifié les besoins des élèves, il sera plus facile de mettre en place sur le long terme un certain nombre d'actions efficaces : projets fédérateurs et motivants, organisation à l'intérieur de chaque cycle...

2 En cours d'année scolaire

- L'année scolaire sera ponctuée de différentes réunions obligatoires : les conseils des maîtres*, les conseils des maîtres de cycle*, le conseil d'école*.

- Sachez identifier et gérer des problèmes relationnels au sein de l'équipe pédagogique (mésententes entre collègues, leadership, clans...) et posez-vous le plus souvent possible cette question :
« Dans telle situation, en tant que professionnel, ai-je correctement agi pour le bien des élèves et de l'équipe ? »

- Il se peut que, durant l'année, vous ayez des difficultés à gérer des élèves « difficiles » (voir leçon 3, Les élèves « difficiles »). Ne portez pas de jugement catégorique sur ces enfants. Évitez de dire en salle des maîtres : « Cet élève n'arrivera jamais à rien ! » Sachez que leur comportement va évoluer positivement si un dispositif adapté a été mis en place par l'équipe enseignante.

Enfin, **mutualisez** vos pratiques pédagogiques en équipe de cycles. Établissez un planning régulièrement pour échanger, réguler ou créer des outils pédagogiques autour d'objectifs communs.

* Voir *Lexique et conseils*, page 86.

LEÇON N°11 :
TRAVAILLER AVEC D'AUTRES INTERVENANTS

Une petite anecdote...

Mademoiselle Lantier est contrariée et son comportement s'en ressent.
Sa collègue a décidé d'inviter une association de parents d'élèves pour aider les enfants à peindre des tableaux qui illustreront une histoire inventée par la classe.
La séance se déroule merveilleusement bien.
Les parents apportent leurs savoirs et les élèves apprennent des techniques qu'ils ne connaissaient pas. La maîtresse de la classe organisera une grande exposition ouverte aux autres classes et aux habitants du quartier pour que tout le monde contemple les réalisations.
Tout le monde... sauf Mademoiselle Lantier...

L'ÉCOLE OUVERTE
OUVRONS LES FENÊTRES

Comment travailler avec des intervenants « extérieurs » ?

Multiplier les rencontres avec différents intervenants est un moyen passionnant et efficace d'ouvrir votre classe sur l'extérieur.
Par exemple, vous pouvez travailler avec des associations de quartier, des artistes, des agents administratifs (police, pompiers, facteur) et des parents d'élèves. Leurs savoirs, leurs expériences et leurs pratiques vont enrichir vos projets de classe.

Avant de prendre contact avec ces différents partenaires, vous devez bâtir un **projet cohérent**. Cette étape est primordiale car elle vous permettra de définir un certain nombre de points importants :

- Les objectifs du projet (apprentissages, savoir-faire);
- Le public concerné (nombre d'enfants, nombre de classes);
- Les besoins matériels et humains;
- Les lieux où se déroulent les activités;
- Un échéancier : programmation des activités et des rencontres;
- Des moyens d'évaluation du projet;

- L'estimation du budget.
De nombreux projets peuvent être financés par l'Éducation nationale, par les municipalités ou par d'autres organismes (se mettre en contact avec les conseillers pédagogiques de votre circonscription).

Une fois le projet défini, nous vous conseillons de vous renseigner sur les partenaires extérieurs avec lesquels vous souhaitez travailler. Vérifiez, par exemple, que tel ou tel intervenant a obtenu les diplômes requis pour travailler avec des enfants (intervenants sportifs, artistes agréés par l'Éducation nationale...). Si certains n'ont pas les diplômes nécessaires (parents d'élèves, membres d'une association), nous vous rappelons qu'ils peuvent vous aider à animer des séances à condition de ne pas les laisser seuls avec des élèves.

Durant les activités, nous vous conseillons aussi d'accompagner les intervenants extérieurs et de vous mettre à leur disposition pour les soutenir. N'oubliez pas que vous êtes le garant du projet ! En créant les conditions idéales de travail, les actions des partenaires extérieurs auront un impact profond et durable sur vos élèves.

LEÇON N°12 : L'INSPECTION

Une petite anecdote...

Mademoiselle Lantier va se faire inspecter.
C'est la panique même si ce n'est pas la première fois. Certes son cahier d'appel est bien renseigné, mais elle appréhende cet instant car elle se demande à chaque fois ce que va penser l'inspecteur de son travail d'enseignante. De plus, elle redoute le chahut. Elle ne sait pas encore la séance qu'elle va proposer à ses élèves.
Le grand jour arrive. Malgré sa peur au ventre, la maîtresse est plus souriante qu'à l'accoutumée. Durant la séance, la consigne qu'elle donne à sa classe est confuse, elle n'ose pas intervenir auprès d'un élève rebelle et le temps passe beaucoup trop vite. La récréation vient de sonner et l'enseignante, fatiguée, sait qu'elle a fait des erreurs.
Que va penser l'inspecteur de Mademoiselle Lantier ?

bonne chance maîtresse !

Comment préparer et réussir une bonne inspection ?

L'« inspection » jalonne la carrière des enseignants. C'est le moment où vous devez montrer vos compétences professionnelles à votre inspecteur. Pour que tout se passe bien voici quelques conseils simples à mettre en œuvre :

1 Avant l'inspection

- Si vous n'êtes pas prêt (stress, fatigue, problèmes personnels), faites-le savoir en appelant votre inspection départementale et en argumentant. Vous pouvez aussi demander à votre I.E.N. (Inspecteur de l'Éducation nationale) quelles sont ses exigences et quels sont les points sur lesquels vous allez être évalué.

- Pensez à préparer les documents que vous devrez fournir à votre inspecteur : le cahier d'appel*, le cahier-journal*, les programmations annuelles par matière, la préparation de votre séance pédagogique.

Quelques conseils sur les affiches :

La présence de certains affichages en classe est obligatoire : liste des élèves*, règlement intérieur, plan d'évacuation* (consignes de sécurité), emploi du temps* hebdomadaire.
Concernant les affichages didactiques*, portez une attention toute particulière :
- Au **contenu** : erreurs d'orthographe, vocabulaire adapté, qualité des écrits...
- À l'**emplacement** : les élèves ne peuvent pas lire les affiches trop en hauteur. De plus, pensez à bien séparer sur vos murs les affiches par matière.
- À la **présentation** : couleur, écriture soignée...

Vous trouverez dans la rubrique Lexique et conseils* d'autres exemples d'affichages utiles pour la classe.

- Relisez les cahiers des élèves car vous avez dû laisser passer des erreurs. Nul n'est parfait !

- Ne restez pas seul face à l'épreuve de l'inspection, n'hésitez pas à demander conseil à vos collègues ou aux conseillers pédagogiques de votre circonscription.

* Voir *Lexique et conseils*, page 86.

- **Prévenez vos élèves**. Dites-leur qu'une personne viendra dans la classe pour vous voir travailler et que c'est l'occasion pour eux de donner une bonne image de la classe. Expliquez-leur le contenu et le déroulement de votre séance. Rappelez-leur les règles de vie que vous avez instituées avec eux.

- Prévoyez et préparez deux séances d'environ 45 minutes dans le cas où l'inspecteur souhaiterait vous voir enseigner deux matières différentes. Rappelez-vous qu'une bonne préparation est la clé du succès !

2 Pendant l'inspection

- Démarrez votre séance dès l'arrivée de l'inspecteur.

- Respectez le déroulement de chacune des étapes (voir leçon 5, La séance pédagogique).

- N'hésitez pas à intervenir si des élèves ne respectent pas les consignes.

- Ne parlez pas trop !

3 Après la séance et durant l'entretien...

Cette étape est aussi importante que votre séance pédagogique elle-même. Il vous faut donc aussi la préparer, ce que peu d'enseignants pensent à faire.

- Soyez attentif aux commentaires de l'inspecteur et faites preuve d'une bonne écoute.

- Dans cette étape, l'inspecteur dirige et oriente l'entretien. Laissez-le vous poser des questions. Celles-ci visent le plus souvent à clarifier certains points de votre séance. N'hésitez pas à reformuler vous-même ses questions pour vous assurer que vous les avez bien comprises.

- Répondez à ses questions en rappelant le contexte (découverte d'une notion, exercices d'entraînement, apprentissages qui s'inscrivent dans le cadre d'un projet...) et les objectifs pédagogiques de votre séance.

- Ne faites pas votre autocritique en début d'entretien, c'est à l'inspecteur de vous évaluer. Cependant si celui-ci vous y amène, faites-lui part de vos impressions sur votre conduite de classe et l'atteinte des objectifs que vous vous étiez fixés.

Prenez en note l'ensemble des points positifs et négatifs relevés par l'inspecteur et proposez-lui vos axes de progrès prioritaires. Soyez réaliste dans vos ambitions, il vaut mieux bien travailler une ou deux compétences en accord avec votre inspecteur que de s'éparpiller dans de multiples directions.

Vous l'aurez compris, une bonne écoute, un échange sincère et une volonté de progresser seront vos meilleurs atouts dans cette dernière phase décisive de votre inspection.

D'AUTRES CONSEILS POUR ÊTRE UN ENSEIGNANT ÉPANOUI

Nous avons déterminé dix conditions indispensables pour être ce qu'on appelle communément un « bon enseignant » :

1. Soyez bienveillant et juste avec les élèves. Le mépris, la colère et l'intolérance ne doivent pas s'exprimer sur votre lieu de travail. En toutes circonstances, pensez au bien de vos élèves et à ne pas créer d'injustice entre eux. Prenez de la distance quand il le faut avec certains événements, et n'agissez qu'en fonction des faits et non en fonction de vos interprétations personnelles ou de vos sentiments.

2. Soyez ferme, mais juste sur certains principes. Soyez exigeant sur le « cadre de travail » que vous voulez instaurer en classe et veillez à ce qu'il soit respecté. Ce cadre rassure les élèves. Vous pouvez instaurer un certain nombre de règles définies avec vos élèves, de même que certains rituels de classe (réunions sur les projets, débats...). Soyez intransigeant sur ces règles et les fonctionnements définis collectivement.

3 Attisez la curiosité de vos élèves pour les éveiller au monde qui les entoure.

4 Élaborez une programmation pédagogique annuelle dans chaque matière ainsi qu'une progression pour les objectifs que vos élèves doivent atteindre.
Pour cela, nous vous conseillons de lire des ouvrages pédagogiques. Référez-vous également au Bulletin Officiel de l'Éducation nationale et aux programmes de l'école primaire, en tenant compte du rythme de travail et de progression des élèves.

5 Sachez anticiper.
Durant la rédaction des préparations pédagogiques, déterminez les situations qui risquent de ne pas se dérouler comme prévu (par exemple : les travaux en groupe trop bruyants) et préparez-vous à y faire face.
Sachez stopper immédiatement un processus qui pourrait être déstabilisant pour la bonne conduite de la classe.

6 Tentez le plus possible de connaître et de comprendre le parcours parfois difficile de certains enfants et de leurs familles.

7 Ne soyez pas trop rigide ou sévère avec vos élèves.
Il faut toujours laisser la porte entrouverte aux élèves difficiles et veiller à ce que ces derniers entrevoient une possibilité de réconciliation.

8 N'évaluez pas sans cesse vos élèves.
Vous risquez de renforcer des inégalités au sein de votre classe et de décourager certains de vos élèves.

9 Soyez capable de quitter quelquefois le costume d'enseignant.

10 Préservez-vous.
Enseigner est un métier difficile qui peut devenir épuisant. Afin d'éviter un état de fatigue trop important, nous ne saurions trop vous conseiller de :

- Manger « équilibré » et bien se reposer ;

- Distinguer les différentes phases de la journée où vous êtes en forme et celles où vous êtes fatigué et aménager votre emploi du temps en conséquence ;

- Modérer et moduler votre voix. Penser à ne pas parler trop fort et trop longtemps à vos élèves ;

- Veiller à bien respirer en vous accordant des temps de pause ;

- Ne restez pas debout toute la journée. Pensez à vous asseoir.

Nous avons tous nos principes. Cependant, de temps en temps, il est bon de les mettre entre parenthèses.

Mlle Lantier et M. Duplantier

2, rue du B.A. BA
Ville d'Épanouy-sur-Seine

Chers auteurs,

Nous tenions à vous remercier même si vous n'avez pas été très tendres avec nous ! Cependant nous ne vous en voulons pas. En effet, nous nous sommes rencontrés en allant acheter votre livre. Ce fut le coup de foudre pédagogique et affectif !
Depuis, nous avons changé notre façon d'enseigner : nos élèves le ressentent et ils s'épanouissent dans les activités que nous leur proposons. Bref, tout va mieux et... nous pensons nous marier !!!
En vous remerciant à nouveau, nous vous prions de croire, très chers auteurs, à notre profonde gratitude.

Mademoiselle Lantier
Monsieur Duplantier

LEXIQUE ET CONSEILS

Affichages

Affichages didactiques

Il s'agit des affichages dont le contenu délivre des savoirs en rapport avec une discipline (français, maths, histoire...).
Exemples : carte de géographie, frise chronologique, tableau des classes de nombres, terminaisons de conjugaison, liste de bons livres choisis et proposés par la classe et le maître...

Affichages utiles

- Tableau des services pour ne pas oublier ses récréations !
- Liste des chants et des poésies : on peut afficher cette liste en donnant l'auteur et le titre de l'ouvrage. Elle peut être gérée très rapidement par les élèves.
- Tableau des élèves déjeunant à la cantine, participant à des ateliers du midi ou du soir, et restant à l'étude.

- Tableau récapitulatif de l'équipe pédagogique : enseignants, directeur, membres du R.A.S.E.D.
- Tableau des sorties scolaires régulières ou occasionnelles.

Affichages esthétiques

Ces affichages vont décorer et mettre de la vie dans votre classe.
Exemples : photographies ou réalisations plastiques des élèves, reproductions de tableaux en relation avec l'histoire et la littérature de jeunesse.
Conseils : évitez d'afficher les posters apportés par les élèves, contrôlez la publicité qui doit être dissimulée autant que possible. Les offices de tourisme, les musées, les éditeurs... peuvent vous fournir des affiches.

Cahier-journal

Cahier dans lequel sont décrites brièvement les différentes activités qui vont organiser la journée. Ce cahier doit être mis à jour quotidiennement.

Il permet d'assurer une continuité dans les apprentissages (très utile pour un enseignant remplaçant).

Le conseil d'école

Le conseil d'école est composé du conseil des maîtres, du maire et du conseiller municipal chargé des affaires scolaires, des représentants élus des parents d'élèves, du délégué départemental de l'éducation chargé de visiter les écoles. Il se réunit au moins une fois par trimestre.
Le conseil d'école adopte le projet d'école, établit le projet d'organisation de la semaine scolaire, vote le règlement intérieur de l'école, donne son avis sur toutes les questions concernant le fonctionnement de l'école (dont les activités périscolaires, la restauration scolaire, les actions pédagogiques et l'utilisation des moyens), donne son accord sur l'organisation d'activités complémentaires.
Pour toute information complémentaire, n'hésitez pas à consulter le site du ministère de l'Éducation nationale : http://www.education.gouv.fr (rubrique : « Le système éducatif »; voir : « Les acteurs », puis « Les structures de concertation »).

Le conseil des maîtres

L'équipe pédagogique est constituée du directeur, de l'ensemble des enseignants de l'école, des membres du réseau d'aides spécialisées. Elle se réunit en conseil des maîtres sous la présidence du directeur au moins une fois par trimestre, en dehors de l'horaire d'enseignement et chaque fois que le président le juge utile ou que la moitié de ses membres en fait la demande.
Le conseil des maîtres donne son avis sur l'organisation du service et sur tous les problèmes concernant la vie de l'école.

Le conseil des maîtres de cycle

Le conseil des maîtres de cycle est constitué des membres de l'équipe pédagogique exerçant dans un cycle. Il est présidé par un membre choisi en son sein.
Le conseil des maîtres de cycle fait le point sur la progression des enfants dans l'acquisition des diverses compétences définies pour ce cycle.
Moment d'échange et d'analyse des pratiques pédagogiques, ce conseil définit les outils de suivi à l'intérieur du cycle.

En organisant une aide adaptée aux élèves en difficulté, le conseil des maîtres de cycle formule les propositions concernant le passage des élèves d'un cycle à l'autre ou leur maintien dans le cycle.

Emploi du temps

Il doit faire apparaître, par tranche horaire, le temps accordé à chaque discipline sur la semaine. Il doit être conforme aux programmes de l'école primaire.

Équipe éducative

L'équipe éducative est constituée du directeur d'école, du maître, des parents concernés, du psychologue scolaire et des enseignants spécialisés intervenant dans l'école, éventuellement du médecin de l'Éducation nationale, de l'infirmière scolaire, de l'assistante sociale et des personnels contribuant à la scolarisation des élèves handicapés. Elle est réunie par le directeur chaque fois que l'examen de la situation d'un élève ou d'un groupe d'élèves l'exige, qu'il s'agisse de l'efficience scolaire, de l'assiduité ou du comportement.

Liste des élèves

Vous pouvez établir une liste séparée des filles et des garçons en les présentant par leur nom, prénom et date de naissance. Nous vous conseillons vivement de présenter une pyramide des âges (sexe, âge, année) que vous pouvez construire avec vos élèves.

Maître E

Un « maître E », ou « poste E », est un enseignant spécialisé chargé des aides à dominante pédagogique. Il repère les difficultés d'ordre cognitif d'un élève (apprentissage de la lecture et de l'écriture, des mathématiques) et lui fournit les aides nécessaires pour y remédier. Il travaille en collaboration avec l'enseignant référent, l'équipe du R.A.S.E.D. et les parents d'élèves.

Maître G

Le « maître G », ou « poste G », est un enseignant spécialisé chargé des aides à dominante rééducative. Il assure un suivi éducatif des élèves ayant des problèmes de comportement. Il travaille en partenariat avec les familles et les enseignants.

Plan d'évacuation

Plan des sorties de secours et autres consignes de sécurité en cas d'incendie. Il doit être affiché de manière visible.
Il est pertinent de le lire et de l'expérimenter avec vos élèves.

R.A.S.E.D

Réseaux d'Aides Spécialisées aux Élèves en Difficulté.
Les R.A.S.E.D. ont pour mission de fournir des aides spécialisées à des élèves en difficulté dans les classes ordinaires, en coopération avec les enseignants de ces classes. L'équipe d'un R.A.S.E.D. est composée d'un « maître E », d'un « maître G » et d'un psychologue scolaire.

Règlement intérieur

On distingue deux types de règlement : le règlement intérieur de l'école, voté chaque année par le conseil d'école, et le règlement de la classe. Ces deux règlements, articulés en termes de droits et de devoirs, doivent être clairs et faciles à lire par les élèves.

Achevé d'imprimer en France par Présence Graphique
2, rue de la Pinsonnière - 37260 Monts
N° d'imprimeur : 111140230

Dépôt légal : novembre 2011